U ciauru...
du piscistoccu 'a ghiotta

Commedia in due atti
di Teresa Rizzo

Studio Byblos
International Publishing House

ISBN 978884149203

Casa editrice:

Studio Byblos
Via Montepellegrino, 179
90142 Palermo
Tel. 091 5073349
studiobyblos@gmail.com

Finito di scrivere in data 6 giugno 2015
Stampa: febbraio 2016

In prima di copertina:
Artese, *Canterina Peloritana*, olio su tela.

Quarta di copertina:
Artese, *Arte e natura*, olio su tela.

Al piccolo Federico,
mio caro e "grande" nipotino.

PREFAZIONE

U ciauru du piscistoccu 'a ghiotta è una commedia brillante, ricca di espressioni e sfumature in dialetto messinese che la vivacizza, rendendola piacevolmente attuale e più facilmente fruibile allo spettatore. Un ottimo esperimento letterario scaturito dall'estro creativo di Teresa Rizzo, personalità poliedrica e sensibile della nostra Trinacria che, ancora una volta, amalgama immaginazione ed esperienze artistico-letterarie di diverso genere: dalla pittura alla poesia, dalla prosa al teatro.

Produrre trame teatrali è un suo impegno di scrittura, che l'avvicina al concetto di vero teatro di genere, come quello nato dall'amore e dall'ingegno di uomini residenti tra Sicilia e Anatolia, più o meno alla stessa latitudine di Messina, due millenni e mezzo or sono.

L'autrice non sorprende quando afferma che *"il teatro dialettale dovrà essere tale nella sua insita struttura linguistica, per mantenere quella carica 'popolare' che lo distingua"* per rimanere così, sempre vivo e realistico nella narrazione umana, purché di rilevanza universale. Inoltre, fra le tante sfaccettature, appare interessante la rappresentazione de *"l'essere donna"* che, nella visione della sua sacralità, perviene per prima al progresso, poiché è dentro il nucleo famigliare che si crescono i figli e le figlie a cui tramandare valori etici, estetici e morali, a volte custoditi anche in semplici ricette, come quella del *piscistoccu 'a ghiotta*. Quest'ultimo, che tutti apprezzano, in particolare i messinesi, rappresenta un simbolo da salvaguardare, di cui l'odore irresistibile è forte richiamo "a gustare" l'arte gastronomica siciliana, senza mai dimenticare il valore naturale delle virtù femminili in cucina.

Dino Marasà
Editore

INTRODUZIONE

La Commedia *U ciauru …du piscistoccu 'a ghiotta* ideata da Teresa Rizzo si propone di circoscrivere le vicende quotidiane di una famiglia-tipo, calata nella realtà sociale degli anni '70. Quel breve periodo della nostra epoca, che è stato certamente rilevante nell'evoluzione del costume, sia per l'espansione mediatica della cultura di massa, che ha favorito molti aneliti di libertà, sia per le trasformazioni storicamente espresse durante la contestazione giovanile e sia per le aspre lotte all'insegna dell'emancipazione femminile. Da ciò si evidenziano circostanze e condotte che hanno contrassegnato una grande voglia di autoaffermazione umana e sociale nel rispetto della centralità della persona. Nella rappresentazione scenica tuttavia, questi aspetti sono di riflesso sfiorati; per cui ogni personaggio, nell'apparente normalità del proprio modo di vivere e di interagire, si riconosce di essere mentalmente all'interno della rappresentatività del nucleo di provenienza, soprattutto nell'interazione con l'ambiente circostante.

La nostra famiglia-tipo, di ceto medio-borghese, abita in una frazione di Messina, città di transito e di primario sviluppo del terzo settore. La Commedia, in due atti e con due scenografie, si apre in una giornata afosa e umida con Nuccia, simbolo della casalinga insoddisfatta, donna del popolo, che aspetta in uno stato di oppressivo malessere a causa dello scirocco, il rientro dal lavoro del marito Petru, operatore ecologico, uomo serio ma di modesta cultura. Attorno alla sua casa si muove emotivamente tutto un rione, con personaggi spinti per lo più dalla curiosità indiscreta di sapere (tutto di tutti) e dal desiderio di gustare il "pescestocco 'a ghiotta". Distratta dall'improvvisa visita di Rosetta, figlia del più noto sarto del paese, e dall'immediatezza del loro dialogo, emerge l'impianto strutturale della mentalità e gestualità di tutta la trama, tipica della memoria meridionale e dei quartieri di Martoglio. L'entrata in scena dei singoli personaggi appare spontanea e disinvolta: ecco i fratellini Stellario e Lauretta, scolari ubbidienti e amanti della musica; Sarina, intrigante figlia del più stimato barbiere del rione; Ninuzzu, arzillo pensionato, desideroso in età matura di riprendersi e decidere più liberamente della propria vita. Inoltre le tante donne, e tra quelle le più apprezzate per l'importanza del loro ruolo sociale: Filumena, la suocera, la 'gnura Rusica …, che vogliono andare rispettivamente: l'una a passeggio per comprarsi vestiti 'alla moda'; l'altra vuole dimagrire, in modo esagerato, per diventare giovane e bella; mentre l'ultima, "tuttologa" moglie del medico del paese, che le viene attribuita una rilevanza da prima-donna. Sulla regola di approccio e la specificità dei loro modi di pensare e di esprimersi ora superficiale e libertino (di chi ha fretta di vivere e uscire fuori dall'ordinario), ora equilibrato e riservato, oppure intrigante e aggressivo, si sviluppa un tipo di narrazione lievemente graffiante che, senza esagerazione, si rivela interessante, se considerata come esempio di satira moderna. Dal susseguirsi delle circostanze, dall'agilità scenica, dalla ricchezza briosa delle battute e dall'animazione di voci e colori si erge a singolo protagonista il comune "buon senso". Perciò la scelta del dialetto, come mezzo di comunicazione, e nel nostro caso quello messinese, vorrebbe (nell'intenzione dell'autrice) rappresentare anche nell'evoluzione del linguaggio dialettale il progressivo cambiamento sociale e culturale, e l'inizio del suo stesso scadimento. Se il linguaggio, che negli anni '70 serviva ancora per unire interi gruppi familiari, stretti in una tradizionale rete di relazioni da trasmettere, essenzialmente come valori morali, etici, culturali… oggi invece proprio il "gineceo" della famiglia entra in discussione, apparendo disgregata e disunita nella sua stessa funzione educativa primaria ed organica. L'identità linguistica, venendo meno, non unisce più come allora; oggi la parola si è molto dilatata dal suo intimo significato umano ed affettivo, perdendo altresì, quella antica carica di comunicare il piacere del vivere insieme. In questa commedia la Rizzo mette così in luce come l'interpretazione, anche di una sola parola, può essere causa di fraintendimenti e alienazioni. Squilibri e conciliazioni si susseguono in mezzo a dialoghi con botta e risposta, discorsi spezzettati, frammentari, veloci e sbrigativi fra gli stessi personaggi, che rendono giustizia al titolo dell'opera, il cui vero protagonista è lo spazio occupato dalla "cosa", priva di umanità, ma vivo, corale e "passionale" nella presenza. Nell'insieme, quasi tutti i personaggi appaiono alienati, non riescono ad assumersi nemmeno il ruolo forte da protagonista, si muovono spesso senza avere la giusta contezza della loro funzione. Unico protagonista è "u ciauru" che incombe sul palco fin dal suo primo apparire, subentra sempre in argomento, s'inserisce subito al centro di ogni disputa, fino a confutarsi con quello cattivo e puzzolente della spazzatura, per rimanere poi ambedue, fatalmente uniti e imperversanti, padroni di tutto lo spettacolo. Infine il colpo di scena finale, che inaspettato suggella nel fuggi-fuggi generale, a guisa di "spraghìs", la nomea dei messinesi, ormai avvezzi da sempre a campare fra *malanova, sciroccu, piscistoccu e… terremotu.*

prof. Rosa Maria Lentini
docente di Storia della Medicina
Università di Messina

U ciauru... du piscistoccu 'a ghiotta
di Teresa Rizzo

La scena si svolge verso alla fine degli anni '70, e precisamente dopo l'esaltazione del quotidiano vivere avanguardista; è il periodo della contestazione giovanile per i diritti degli esclusi e delle minoranze, ma lo è anche dell'emancipazione femminile e dell'affermazione la centralità della persona umana.
La donna, ancorché in difesa degli usi e costumi tramandati dalla tradizione, aderisce attivamente alle problematiche sociali e culturali diffuse dai nuovi mezzi di comunicazione, tecnologicamente più avanzati, e si riconosce in un modello di vita migliore, affermando in modo conscio e più responsabile la sua indiscutibile importanza, oltretutto in famiglia.

I NOSTRI PROTAGONISTI

Petru	operatore ecologico
Nuccia	la moglie - casalinga
Ninuzzu	cognato - pensionato, corsista - Unitre
Cummare Rosetta	figlia del sarto
Sig.na Sarina	figlia del barbiere
Don Mico	pensionato
Donna Filomena	moglie di don Mico - pensionata
Dott.Paolo Rusica	medico del paese
Rosalia	gnura Rusica, moglie del dottore e tuttologa
Stellario	1° bambino
Lauretta	2° bambino

UN PAESANO GIRO DI VOCI

Coletta	secondogenita figlia del Sarto
Don Conu	paesano
Aurora	secondogenita figlia di don Pinu 'u Babberi
Lazzaro	'a Gnura - Nobildonna
Dott. Tabella	il fidanzato della figlia del farmacista Fisichella

VICINI DI CASA
Comparse e Paesani non protagonisti (con voce fuori scena)

ARREDAMENTO DI SCENA
Stanza soggiorno con una porta ed una finestra, un tavolo, sedie, un divano, una credenza.

1° ATTO

Scena I
Personaggi: **Nuccia - Rosetta**

Nuccia seduta davanti ad una finestra, in attesa del rientro del marito, infastidita dal forte vento di scirocco e annoiata parla con se stessa.

Nuccia - Malanova chi ventu. Sciroccu… Sciroccu. È ventu di sciroccu chi sbatti e firria sempri ca solita aria caudda… mah, chi cauddu!

Rosetta - Permessu; c'è permessu?

Nuccia - Cu jè? Ah! cummari Rosetta, siti vui, mi ntrasi. Ntrasissi, ntrasissi.

Rosetta - Bongiornu, cummari Nuccia; vi possu disturbari pi quacchi minutu?!

Nuccia - Cettu cummari, accomodativi… e poi Rosetta u sapiti chi pi vui mi rennu sempri libbira.

Rosetta - Veramenti, non vi vulia disturbari.

Nuccia - Non vi preoccupati Rosetta.

Rosetta - Ah! Menu mali, U sacciu, u sacciu, chi cu mia siti sempri disponibili.

Nuccia - … ma poi, giustu 'ntà stu minutu, sugnu libbira. Staju spittannu a me maritu chi avi avveniri du travagghiu e 'nta stu mentri stava vaddannu stu malanova di ventu, chi pari chi firria, va e veni; e invece, friscaliannu, porta cchiù cauddu. Aaaah! ma troppu cauddu. Cu stu cauddu mi sentu tutta sudata!

Rosetta - È certu, picchì u sciroccu porta u venticeddu cauddu e umidu, e chi pi giunta, si ricogghi tuttu 'u ciauru bonu du vostru piscistoccu "a ghiotta"… e 'ntrasiu magari, finu a intra a me casa.

Nuccia - Pi casu Rosetta… Vuliti favuriri cu nui? Vui 'u sapiti già, chi ccà siti sempri benevuluta.

Rosetta - Veru è, Nuccia! Mi sentu cu vui sempri in bona cumpagnia e beni accittata.

Nuccia - Eh si! Si dici chi... "A cumpagnia quannu è bbona... è comi 'a pagnotta cunzata cu l'ogghiu di Sicilia.

Rosetta - È veru, è bbonu comi u nostru pani fattu ca ligna... picchistu jò ccà vegnu sempri vulinteri!

Nuccia - U sacciu, u sacciu... U sacciu chi viniti 'a cca, sempri vulinteri. Ma, chiuttostu chi vi succidiu? Ditimi, chi ti 'mbattiu d'accussì importanti?

Rosetta - Mah, nenti di gravi! Sulu chi non vogghiu 'ricurriri unni me patri, chi comi vui sapiti, pi cuciri è u megghiu custureri du paisi!

Nuccia - Si, dicemulu chi è "u megghiu" *(sospirando)*, magari picchi è l'unicu custureri 'ntà stu paisi.

Rosetta - Iddu, quannu teni a ugghia 'ntè so mani, pari chi teni na cosa cchiù priziusa i l'oru

Nuccia - Pi chistu...jò vi dicu, chi vostru patri non avia a fari u sartu, ma 'u giuilleri.

Rosetta - Ma chi faciti, mi babbiati?

Nuccia - No, pi carita! Chiuttostu, ora cuntatimi liberamenti. Chi vi pozzu fari? E comu ti pozzu ajutari!

Rosetta - Oh, nenti d'importanti!... Sulu chi vulija appizzari stu buttuni e non mi rinesci tantu bbonu. Jiò mettu a ugghia di nu latu e u buttuni s'impizza pi fatti soi, e si nni và pi l'autru latu... Tuttu stortu!

Nuccia - Ma certu, *(gesticolando per dire affrettatevi)* certu Rosetta! Vui però l'aviti a sapiri teniri i buttuna. Accussi viditi, ca punta da ugghia ritta e cu ciriveddu femmu...Accussi è bbonu! *(Fa vedere l'ago in mano)*

Rosetta - Cummari Nuccia, è veru vui siti brava e sapiti diriggiri megghiu i mia i buttuna. *(fa vedere i bottoni)*. Sta vota a mia, non mi rinisci. E poi Vui u sapiti chi non è questione di ciriveddu, picchì chistu l'aju femmu Quasi mancu a farlu apposta, a stissa cosa ci rispunnia stà matina, a don Peppi, u Bausu: jò sugnu 'na signurina i casa e cu ciriveddu fermu: *Cu voli a Diu va in chiesa, cu voli a mia veni a casa.* Giustu?

Nuccia - Giustu, su diti vui! E iddu chi vi rispunniu?

Rosetta - Mi rispunnniu: "Non vonnu casa i me quasuni, hannu bisognu o spissu di pigghiari aria" - e poi di novu, ca vuci chiù forti: Aria, aria! E poi ancora: "A vera casa di quasuni, è nesciri fora!" E cominciau a sudari e subbutu dopu, tuttu sudatu 'ncuminciau chi mani all'aria, mi si sventulia tuttu; chi pi pocu ci stavanu cadennu veramenti i quasuni 'nterra... **Si, si ddu pantalunazzu loddu, fitusu e 'ngrasciatu!**

Nuccia - Mah! Stranu mi pari?..Picchì don Peppi non perdi mai a pacenza.

Rosetta - Ma jò ci rispunnia subitu: Stativinni fora, e pigghiativi ancora tutta l'aria du sciroccu 'nta testa!

Nuccia - Mah! Accussì ci rispunnistu?

Rosetta - "Accussì, accussì!"

Nuccia - *(Farfugliando)* Vui... Si tu accussì.

Rosetta - E accussì... *Don Peppi,* divintati tuttu sciruccatu! *(Sarcastica, gesticolando e mimetizzando sulla lunghezza del corpo).* Ci rispunnia giustu cummari Nuccia?

Nuccia - Eccu Rosetta jò non vurria parrari, picchi non vogghiu difenniri a me niputi *don Peppi.* Tu ci rispunnisti giustu, picchì a cuppa è du sciroccu! Magari iddu vulia diri nautra cosa, e vui chi siti na figghiulazza i casa, propriu stavota vi capistu mali.

Rosetta - Vui cummari Nuccia, accussi a capiti?

Nuccia - Si, cettu accussi! Veru è, chi iddu ristau sciruccatu, pu troppu caluri *(Si dà una sventagliata)* e vui di caluri ni capiti quacchi cosa! È pi chistu caluri chi si stavunu allintannu i so quasuni *(Gesticola il senso del cadere dei pantaloni)* e pi non mi ci caduni... iddu pu cauddu cerca aria frisca e nesci fora... Vui Rosetta, comi fimmina i casa, siti sincera e frisca... comu na rosa e maggiu... sulu chi aviti assapiri essiri palummedda muta e senza rispunniri. - *(Prende il bottone e cambia discorso)* Ed ora Rosetta, vaddati ccà; Assittativi e pruvati vui. Accussì l'aviti appizzari. Sempi rittu e a leggiu a leggiu 'ntrasiti nto bucu da ugghia, è giustu?! Accussì, e pinzati sempri a chiddu c'aviti a fari e senza autri cosi pa testa, cu tempu passa!

Rosetta - Eh si! e passa pi tutti…..

Nuccia - Ah si! *(Sospirando)* Veru è! U tempu passa pi tutti.

Rosetta - Aaah! Comu vulissi tagghiari e cuciri comu a vui!… Ma… fossi vui stavu facennu quacchi nautra cosa?

Nuccia - No, nenti d'impurtanti . Pinzava sulu accussì, tantu pi pinzari

Scena II
Personaggi: **Nuccia - Rosetta - Stillariu - Lauretta**

Si sentono, fuori scena, voci di 2 bambini che chiamano Rosetta.
(Bussano ed entrano in scena, cercando Rosetta)

Stellario - Rosetta, a cca sìì? A mamma sta calannu a pasta.

Lauretta - A pasta chi saddi…

Rosetta - Ah! *(Cambia tono)* Cummari Nuccia. Vi ringraziu, magari ni videmu cchiù taddu. Vi salutu. *(Fa per uscire…)*

Nuccia - Va beni, ni videmu… Si si, ni videmu *(e rivolgendosi ai bambini)*. E tu, comi ti chiami?

Stellario - Stillariu!

Nuccia - e tu inveci…Chi fai?

Lauretta - Jiò mi chiamu Lauretta e sonu!

Nuccia - Soni! Chi soni?

Lauretta - Sonu stu cosu ca, u flautu, mentri Stillariu sona u tambureddu!

Nuccia - E mi fati sentiri comi sunati?

Rosetta - Cummari Nuccia, magari nautra vota va sonuno, picchì è taddu.

Stellario - Va beni sulu nu minutu… *(Attacca a suonare, seguito da Lauretta)*.

Rosetta - Cummari Nuccia, magari nautra vota, picchì è taddu. *(Trascinando fuori i bambini)* Stativi bbona! Vi salutu.

Nuccia - Si, si, va beni. Ni videmu…

Scena III
Personaggi: **Nuccia - Ninuzzu**

Distratta dalla voce alta del fratello... Non accompagna Rosetta alla porta...

Nuccia - Picchi fai sti buci, Ninuzzu?

Ninuzzu - Malanova! Non trovu a cravatta russa, c' avia misu supra a seggia.

Nuccia - Jò a sistimai 'nto casciuni du cantaranu

Ninuzzu - A ccà è, 'a truvai

Nuccia - *(Resta un attimo sola a riflettere e... mormorando)*: O Signuri, Giuseppi e Maria... *(si fa il segno della croce)*. Magari a iddu a sentiri, chi voli a cravatta russa. E picchì, si nun è russa chi ci fa, chi succedi? Mah! *(Rivolge gli occhi fuori)* Stù ventu chi firria attornu pari chi si lamenta ed appena ventulia, porta ancora cchiù cauddu! Va e veni comi a st'autru, chi ora torna ca solita musica 'nta testa! E a mia, mi smovi u friddu j 'ncoddu. *(Si copre con se stessa, mimetizzando il freddo.)*

Scena IV
Personaggi: **Nuccia - Sarina**

Sarina entrando...

Sarina - Permessu, c'è permessu. 'Gnura Nuccia, lassastu a porta aperta! *la sorprende.* Chi sintiti friddu?

Nuccia - No Sarina, no! Vinni ccà Rosetta cu so frati e 'nto nesciri, non badaru mi chiudunu a porta. E poi jò non m'addunai, ristai ca sula, e accussì pinzava e parrava cu mia.

Sarina - Ma, forsi stavu pinzannu a vostru maritu, veru?

Nuccia - Si Sarina, è veru! È iddu chi si lamenta E cetti voti, è comi si fussi sulu iddu 'nta sta casa chi travagghia e comi si jò, da matina a sira, non facissi nenti, ..anzi chi restu ccà e ci rattu i pulici 'o jattu.

Sarina - Cummari Nuccia, non va pigghiati…*"L'omini, sunnu tutti j stissi"*. Accussì è *"L'omini, sunnu tutti j stissi"*. Chista è sacrusanta verità. Scritta supra a na furmella di ceramica di S. Stefunu, 'mpizzata 'nto muru du saluni di babberi di mè patri…Aaaah, e poi 'nta nautra tegula si leggi: *"L'omu è comu nu Centauru: Mità omu e l'autra mità 'nnimali"* Bedda tegula! Tutta russa cu scrittu giallu *"Mità omu e l'autra mità animali"*…. *(sospira in breve pausa)*. Pi casu chi c'è vostru frati Ninuzzu intra?

Nuccia - Eh si! *(con una smorfia svia il discorso)*. Sintitimi Rosetta: pi giunta quannu veni, cu mussu duci mi l'haiu a baliari…e mu pigghiu cu bbonu… e senza rispunniri!

Sarina - E certu. Vostru maritu è comu u *Centauru!* Sulu chi vui, l'aviti a sapiri addomesticari. Chistu è u proverbiu *"L'omu s'ava addomesticari"*. Capistu? *"L'omu s'ava addomesticari"* Capistu ora?

Nuccia - Sarina, cuminciu a capiri… u pruverbiu.

Sarina - Sulu chi vui, 'gnura Nuccia… u *Centauru* l'aviti a sapiri pigghiari cchiù spessu ma da parti giusta: No, da parti da cuda no, *(Fa gesto dal sotto - vita in giù)* ma chidda da testa, picchi *"u pisci feti chiù 'ssai da testa…"*

Nuccia - Aviti ragiuni vui, jo sbagghiu a pigghiari a parti giusta. Chista è a sacrusanta verità, picchì jddu voli sempri truvari i stissi cosi. Voli a tavula cunzata e u manciari sempri prontu, e i robbi lavati, stirati e misi o so postu.

Sarina - Eccu! giustu dicistu! E u manciari u vonnu cauddu e i vistiti stirati a puntinu.

Nuccia. - *(Con aria distratta prende il vestito e lo spiana con la mano)*. Oh Gesù, Giuseppi e Maria, a nui fimmini non n'haviti mai abbannunari *(alzando gli occhi)*, e mi nni dati sempri nu pocu i pacenza i cchiù! *(Con un segno di croce.)*

Sarina - Mah! chistu cummari Nuccia è *'u ciriveddu saggiu"* di nuiautri fimmini.

Nuccia - È veru, picchì a nui fimmini ni basta aviri sulu nu pocu i pacenza i cchiù e così ogni tantu avemu 'a sapiri fari *"u sceccu ntò linzolu"*.

Sarina - Si *"U sceccu ntò linzolu"*…*"U sceccu ntò linzolu"* *(Ripetono e ridono in tono ironico)*.

Scena V
Personaggi: Nuccia - Ninuzzu - Sarina

Intervento casuale di Ninuzzu, fratello di Nuccia

Ninuzzu - Chiiii. L'aviti cu mia?

Nuccia - No, chi c'entri tu!

Sarina - *(Interviene, guardando Ninuzzu)* Si parrava du "sceccu" in generali, chi quannu ragghia javi a vuci comu a chidda di l'omu, quannu è nibbusu.

Ninuzzu - È chistu vali pu masculu, si inveci quannu è na "somara" vali pa fimmina, veru?

Nuccia - Senti, vidi chiddu chi t'appigghiari e chiuttostu vatinni i ccà. Vatinni!

Ninuzzu - Capìa, è megghiu chi mi nni vaiu 'a nàutra parti e mi lavu i mani si no cu vui dui, mi fazzu u sangu amaru. *(Esce cantando):* "Chidda dà, Chidda dà / nun sapi chi piaciri chi mi fa, si credi chi mi fazzu u sangu amaru, si credi chi 'mpazziscu, eppoi mi sparu..."

Nuccia - Ti dissi, vatinni. Vatinni ij ccà e mutu!

(Ninuzzu esce)

Scena VI
Personaggi: **Nuccia - Sarina**

Sarina - *(prosegue)* Uffa! Però è veru. Pi nui fimmini ci voli troppa pacenza e chi certi voti nuiautri, ni cuntintamu i pocu, senza cuntari chi pi l'omini, comu a vostru frati Ninuzzu, semu nui i "scecchi". È propriu accussì, comi a chiddu, chi ora nisciu fora i cca.'

Nuccia - Eh, Sarina! Sapiti com'è? È chi nui fimmini semu chiù ragiunati. Magari nui cetti voti putiriumu essiri cchijù cuntenti.

Sarina - ... e puru chistu vali pi mia... Chi mi pari d'aviri u distinu nu pocu scipitu. Picchi jò nun putirja essiri megghiu di Liunora Dunccan?

Nuccia - Di cui? Liunora Dunccani?!

Sarina - No, no, Eleonora Duncan, 'a ballarina! *(brevemente ballando)* E poi, jò non dicu chi vurria aviri vistiti, gioielli, ma stari intra a me casa, cchiù a riposu e picchì no? Aviri nu beddu maritu chi travagghia, e no, no, nu scioperatu comu a vostru frati!

Nuccia - Si, si Sarina! Lassatulu stari a Ninuzzu. Non è cosa pi vui. Iddu voli: *"A manciatura, chi pi iddu è sempri bascia"*, e jò, si fussi pi vui, vurria autri ricchizzi. Un omu accussì duci, chi vi sapissi diri, diri: Mia cara *(quasi estasiata e....)*

Scena VII
Personaggi: **Petru - Nuccia**

(all'improvviso Petru entra in scena)

Petru - Bongiornu… Nuccia!

Nuccia - *(sorpresa e di soprassalto).* Ah bongiornu! Arrivasti!?

Petru - Chi fai, ti scantasti?

Nuccia - No!... *(Nuccia fa per alzarsi)* stava finennu di 'npizzari sti buttuna...

Petru - Ahhhh bbene mugghieri, stattiti assittata,... Ripositi! *(Annusa l'aria)* Ma, ma sentu nu ciaru! È nu ciauru bbonu!… Brava… brava! chi facisti *u piscistoccu a ghiotta*?

Nuccia - Ma bravu tu!… *(sarcastica)* E chi beddu maritu! *(guardando dalla parte di Sarina)* Inveci di vaddari comu stà sò mugghieri e mi ci jetta i brazza arreti o' coddu, va a vaddari pi prima 'a pignata cu piscistoccu a ghiotta.

Petru - Ma picchì t'haja a vaddari? *(imitandola nella voce con un lieve sarcasmo)* Chi è, non ti canusciu?! Chi c'è quacchi cosa di novu?!.. *(toccandosi la pancia)*

Nuccia - Ma chi beddu esemplari i maritu si tu!

Petru - *(La osserva contrariato...)* Senti, di comu giri l'occhi, si vidi chi non stai mali - *(La guarda ironicamente esterefatto)* Uhhh! Chi facci chi fai!?...Mancu si avissi vistu, ddu ladru du padruni i casa.

Nuccia - Lassamu perdiri va... lassamu perdiri!

Petru - Non cuminciari mi ti lamenti, picchì sugnu stancu. Chiuttostu conza a tavula e manciamu e non piddemu tempu, chi non ci vidu chiù da fami e poi m'inchiana u sangu 'nto ciriveddu! *(Rimasta in disparte...frastornata e con rincrescimento si fa avanti e a voce quasi bassa)*

Sarina - 'Gnura, jò mi 'nni vaiu, simmai ni videmu cchiù taddu, oppuri dumani.

Nuccia - Va bene Sarina, *(Accenna ad accompagnarla fino all'uscita)* e grazi pa vostra cumpagnia!

Sarina - Mancu l'aviti a diri; vui u sapiti chi mi piaci stari cu vui, 'gnura Nuccia; dumani nni videmu. A dumani!... *(rivolgendosi al marito di Nuccia)* Don Petru, magari a vui: bon pranzu! E... Bongiornu a tutti!

Petru - Scusatimi, signurina Sarina. Bongiornu a vui, non v'avia mancu vistu, siti ormai accussì familiari 'ntà sta casa, è comi si vui facissu parti di l'arredamentu; si pò diri, senza offesa, siti ca intra comu 'nta 'nu bucalaci.

Sarina - È megghiu don Petru, chi non vi rispunnu!... E bbonu appititu! *(Esce di scena)*

Scena VIII
Personaggi: **Petru** - **Nuccia**

Nuccia rimane sola col marito...

Nuccia - Chi bisognu c'era di fari tutta stà pulemica cu dda bbona cristiana i Sarina!?

Petru - Picchì chi ci dissi di così stranu? Tu pensa chiuttostu chi haiu fami e chi sugnu stancu?!

Nuccia - Ti pari chi jò non m'aspittava *(Sarcastico)* che Voscenza, mi putissi risparmiari almenu sta vota i soliti paroli?!... Eccu puntuali c'arrivaru, e i sintìa tutti, sempri i stissi paroli! Anzi no, c'è ancora sugnu troppu, ma troppu, troppu stancu.

Petru - Si, si, e tu ripetu, chi sugnu stancu, ma troppu, troppu stancu! Si, anzi, sugnu stancu, e tuttu ruttu, *(adirato)* e chi mi sta vinennu nu stinchillè, pi chistu mi vogghiu manciari u me beddu piscistoccu a ghiotta e in santa paci. *(Bonario e sarcastico)* Capisti Amore mio? 'Nta santa paci!

Scena IX
Personaggi: **Petru - Nuccia - Ninuzzu**

Rientra in scena Ninuzzu

Ninuzzu - Ciao Petru, *(e rivolgendosi alla sorella)* Nuccia chi si mancia stasira, quannu ritornu?

Nuccia - *U piscistoccu 'a ghiotta,...* si 'nni resta.

Ninuzzu - Bbonu, bbonu!...

Petru - *(Rivolto alla moglie)* Ti dissi chi vogghiu manciari subitu u piscistoccu 'a ghiotta... prima chi nesci fora da pignata?!

Ninuzzu - Nuccia, jo tu dicu sempri *"cu travagghiu da fimmina su mancia l'asinu"*!

Petru - Si parri pi tia, semu tutti d'accordu.

Nuccia - Ninuzzu, jo dicu sempre, mi scuti... e *"taci si voi viviri in paci"* e pensa mi ti nni vai ji ccà, picchì oggi ca tesi caja fari all'Unitre non è aria pi tia, vatinni e vatinni ij ccà.

Ninuzzu - Bon'appetitu, stasira 'nni videmu. Nuccia ti saluto, mi 'nni vaiu a scriveri 'a tesina. *(Accenna ad uscire, guardando Petru.)* Ma, a propositu ciù vulemu diri a to maritu, comu jeri scrivia a puisia: "Aceddu"?

Nuccia - *(Con voce alterata)* Vatinni 'j cca. Ti ripetu, vatinni 'j cca.

Ninuzzu - Avanti diccilla a Petru.... Avanti, ripeti: Aceddu, aceddu beddu.

Nuccia - Aceddu cu du zzeta, comu aciddazzu e vatinni i cca!?

Ninuzzu - Aceddu, aciddazzu /comi a testa i tu maritu. Tantu beddu e rumpi... *(Esce ridendo)*

Nuccia - I scatuli... e vatinni, vatinni i cca!

Petru - Ma chi frati chi hai…, maliducatu, manciafrancu… e fimminaru!

Nuccia - *(Seccatamente)* Va bene, va bene, a ragiuni è… pi comi a voi tu!

Ma si avi tri anni chi pripara a tesi pi l'esami da Terza Età, a cuppa di cu iè?...È magari di fimmini chi no lassinu in paci! Ci fannu peddiri tempu e non ci fannu capiri nenti! È chiaru e lampanti, *"comu l'ogghiu vergini!"*

Petru - No! Non *"l'ogghiu vergini" di* na vota, comu dici tu!... Sulu chi to frati è comi l'ogghiu vergini di ora: Fausu. Allura è sulu nu frati fausu, putruni e manciafrancu. Accussì è chiaru e lampanti!

Nuccia - Va bene, va bene, a ragiuni è pi comi a voi tu! Chiuttostu ti vogghiu diri na cosa 'mpurtanti. (con *le mani ai fianchi*)

Petru - Aaaah! Chistu si, ch'avi a essiri na cosa *importanti*, u vidu di to brazza *"a quartara"* e pu tonu troppu...altolocatu.... Aaaah, *(Risata)* mi sumigghi *"a Riggina Quartarazza"*, chi scinni du cavaddu ji Troia.

Nuccia - *(Sfottente)* ...Ahhhh! Aaaah! Intantu, tu staiu dicennu, chi stasira ti nni vai a dommiri 'nta stanza i l'ospiti.

Petru - Aaaah, *(Risata)* Ma...quali stanza i l'ospiti; fossi 'ntenni pa stanza i l'ospiti *u sgabuzzinu*? E poi di grazia *(sfottente)* picchi a lassari... *u me talamu*?

Nuccia - Chiiiiiii!

Petru - U talamu; U lettu nuzi...ali,.. ali...ali *(Facendo il gesto che vuole presto servito il pesce stocco)* e vola e portimi u piscistoccu!

Nuccia - U Talamu, u lettu nunz..ali... ali,... ali, ali *(sarcastica ricambia la gestualità)* Ahhhhhh!Aaaah! *(Sfottente)*. E picchì, picchì Tu nun sai, sai picchi? Picchì ti cucinai u piscistoccu a ghiotta comu Voscenza mi cumannau! Eh si! Voscenza palatu finu! E poi, si ti ricordi di l'ultima vota chi ti manciasti u piscistoccu a ghiotta, chi mannava 'nu beddu ciauru, ma nu ciauru! *(gesticolando)* Chi poi 'nta 'na vota, 'nta tutta a casa divintau nu flatu! Si, si, nu flatu! Propriu accussì, na puzza di porcu! Anzi, di cchiù, picchì da cammira 'o lettu niscia finu a fora. *(esce di scena parlando e va in cucina per prendere i piatti ripetendo a voce alta)* Autru chi du "lettu nunsiali.. ali... ali! Ah! Ah!. Ah! *(Beffarda... ritorna in cucina per prendere le posate, suonano alla porta)*. Niscia e s'mpistau l'aria pu flatu, ma nu flatu! nu flatu... *(parlando agitata)* chi me tramurtimenti annaunu e viniunu da me cammira i lettu..., ma chi dicu? Pa puzza scapparu puri l'anciuli... du tettu cull'ali, ali ali!

Petru - Tu, si sempri esaggirata! A tutti i parti a unni vai vai, tu senti sempri puzza. *(Suonano alla porta e Petru va ad aprire),*

Nuccia - *(mentre Nuccia rientra in scena ripetendo)* Si, si fino a fora si senti 'a puzza, comu nu flatu ij porcu! *(contemporaneamente Don Micu entra ed interviene.)*

Scena X
Personaggi: **Don Micu - Nuccia - Ninuzzu**

Don Micu - Ah, si, don Petru! U sintiti puru vui? È propriu comu dici... la vostra mugghieri!

Petru - Ehhhbbene si!.. È ciauru bbonu di *piscistoccu 'a ghiotta*, chi si sparpagghia 'nta l'aria

Don Micu - Eh si! ormai u sapi tuttu u paisi e si stannu svigghiannu puru i morti cu l'ali!

Petru - Comu? U sapi tuttu u paisi?!

Don Micu - *(Ripete)* Ebbene si! Don Micu. Du flatu chi si sparpagghia 'nta l'aria, u sapi tuttu u paisi.

Nuccia - *(entra dalla porta la moglie)* Ma, forsi... cu me maritu... staumu parrannu ntra di nui di autri cosi...

Don Micu - Si, don Petru e 'gnora Nuccia, *(osteggiandosi...)* vi pozzu assicurari che attorno a nui ,ormai l'aria è diventata irrespirabile!

Nuccia - Veramenti cu me maritu... staumu parrannu du nostru tàlamu e sutta u lettu nunziali) *(parole senza senso).*

Petru - Nuccia, no, no sutta, ma *supra u tàlumu...* No, sutta no..., ma supra supra, supra u lettu, u *lettu nunziali (guarda in alto)* .... Vadda, supra u lettu... sutta u tettu, e poi nunziali.. ali... ali. Capisti ora?

Nuccia - Ah si! Si, u talàmu supra, u tettu cull'ali sutta.

Don Micu - *(Osservando la scena cerca di carpirne il significato)* è comu diciti vui don Petru, è comu si u flatu va 'nta l'aria e si posa supra u tettu, e nun sali, anzi va dirittu in disperdimentu 'nta l'aria di tuttu u paisi.

Petru - Mah! Nun può essiri, Don Micu. Vi sbagghiati, picchì i finestri da cammira o lettu, ogni sira nui i tenemu sempri chiusi…

Filomena - Permesso, permesso, bongiorno.

Scena XI
Personaggi: **Don Micu - Filumena - Petru - Nuccia**

Don Micu - Aaah Filomena! Sto dicennu a don Pedru che l'aria, che ha invaso il nostro paese è ormai fitusa, puzzolente ed irrespirabile!

Filomena - Si è veru, cummari Nuccia non si respira pa puzza!

Petru - Comu no, don Micu! Jò pensu chi su sapi tuttu u paisi, è picchì Nuccia *(rivolto alla moglie)* e so matri furunu esaggirati. Chistu ora è u pitteculezzu di paisani

Don Micu - E vui u sapiti di cu è a curpa?

Nuccia - Ma chi stai dicennu, ma chi c'inqucchia?!

Petru - Dicu chi tu Nuccia, pi stu straparrari troppu… si tutta comi a to madri…

Don Micu - Ma a verità è chi oggi non s'avi mancu a parrari! E ognunu di nui non è patruni mancu 'ntra a so casa. Non c'è nenti chi diri e nè chi fari.

Nuccia - Ma chi stati dicennu, ma chi stai 'nqucchiannu?!

Petru - Dicu, chi mi veni un nibbusu, quannu vi sentu a ttutt'i dui parrari troppu… Tu … si me mugghieri, ma a to matri pa so lingua… na pozzu mancu suppurtari *(si prende il mento fra le mani con fare… pensoso poi rivolto al proscenio)*.

Nuccia - ma chi stai dicennu!…ma chi stati farfugghiannu!? Me matri non c'entra nenti 'nta sta discussioni.

Don Mico e Filomena - *(tentano di intervenire e comprendere le ragioni della coppia)* Ma don Micu, vostra soggira, puviredda forsi è veru, idda nun sapi nenti di sti cosi . Veru, povira santa donna, idda forsi non sapi nenti!?

Filomena - Forsi idda…

Nuccia - Ma chi stati dicennu?!… Mi stati facennu funniri u ciriveddu. Stati tutti stilliriannu *(rivolta al marito)*.

Petru - Stattiti muta tu! Portimi megghiu u *piscistoccu 'a ghiotta*.

Nuccia - Vadda Petru… chi comu parrunu l'autri, parru puru jò!

Filomena - Certu cummari, e cu vi pò diri chi non putiti parrari?!

Nuccia - Sentimi tu. *(Rivolta a Petru)* Intantu, non muntuari chiù a ddà santa donna di me matri… Sta sempri muta comu nu pisci.

Petru - Eh no! se muta comu nu pisci, allura non è santa donna, picchi di comu movi a bucca mi pari na Biata… cu l'occhi i fora *(Gesticolando rappresenta la bocca del pesce)*

Don Mico e Filomena - *(Si guardano e sottovoce parlano fra di loro)* … Si, si, a ccà c'è odore di pisci no di biate ma è ciauru di piscistoccu!

Nuccia - E cu vui, don Micu e donna Filomena, chiuttostu parramo di autri cosi. Si, di autri cosi cchiù seri e senza naschiari tutti i ciauri, speci 'nta me casa.

Don Mico e Filomena - Cà nui stamu parrannu di cosi seri *(Mentre cercano d'accordo di svignarsela)* Ma oggi fossi nun é a junnata bbona e megghiu chi 'ni ritiramu pa casa, Micu. *(Si fermano e restano in disparte sulla scena)*.

Scena XII
Personaggi: **Nuccia - Filomena - 1° Contadino**
2° contadino l'Ammalato - Più voci

*(All' improvviso da fuori scena… **si sente gridare**).*
Aiutu, aiutu staiu murennu, chiamati nu dutturi! *(Entra un contadino)*
Fate largo, per favore un bicchiere d'acqua

Nuccia - *(Accorre e torna con un bicchiere in mano)* Fatulu 'ntrasiri,… Ntrasiti, ntrasiti e mittitulu supra a stu divanu. *(Poi rivolta a un contadino)*…Vui, chiamati nu dutturi

Contadino - A quali? Chiddu giuvini oppuri u dutturi Rusica

Don Micu - No! chiddu giuvini no! U dutturi Tabella no!)*.

Nuccia - Annati, unni u dutturi Rusica, chi staci àrreti a Chiesa, 'nta pri- ma casa ianca cu curtili ranni. Prestu chiamatulu subbitu!

1°Contadino - *(Esce correndo).* Vaiu a chiamari u dutturi Rusica.

(Un paesano giro di voci)

2°Contadino - Ah, si! Si, a unni ci sta sempri na fudda i genti, si pò las- sari.

Filomena - Si è veru iddu è troppu occupatu ca povira gente, chi è chidda cu cecca e u spetta a tutti l'uri da jurnata!?

3°Contadino - Eh!e picchì, nui nun semu sulu paisani…ma semu paisani misiri, e no comu u dutturi Tabella, jddu si chi sta bbeni! Anzi sta troppu bbeni, uora chi si fici zitu cu dda orba da figghia du farma- cista, divintau u patruni di menzu paisi. Certu, iddu non è comu u dutturi Rusica!

(una voce) - Tabella esti nu dutturi troppu nobbili, non è bonu pi nui po- vira genti, picchistu è sempri libbiro!

(Più Voci) - Iddu è chiddu chi prima voli essiri pagatu, poi ni manna unni so soggiru, u farmacista, chi ni inchi di medicinali ed accussì u ri- pagamu du voti e a fini n' ammazza u stissu, e si ripaga tri voti pic- chì è d'accordu cu don Peppi, u cascia - murtaru *(quasi in coro e facendo scongiuri con le mani)* - U cascia-murtaru…e pi don Peppi, u cascia murtaru *(simboleggiano le corna)* Toh, toh, toh!

(Un lamento interroppe il diffuso pettegolezzo) Aaaaaahi!

Micu - Eccu, fati largu…forsi sta vinennu quacchidunu supra nu sceccu. *(Un nuovo lamento interroppe il diffuso pettegolezzo)* Aaaaaahi!

Un contadino - *(ritorna dopo un poco)* No, non è u dutturi Rusica. È so mugghieri!

Micu - Sulu chi idda non è dutturessa.

Contadino - Ma sapi fari tutti i cosi.

Altro contadino - Chista è so mugghieri Aaaaah! Allura è a stissa cosa.

ATTO - SECONDO

Scena XIII
Personaggi: **Signora Rusica - Nuccia Petru**

Signora Rusica - *(Entra in scena)* Bongiorno… Bongiorno!

Tutti - Bongionnu! Bongionnu, 'gnura Rusica.

Nuccia - Entrate 'gnura Rusica, e mi 'nni scusa, se l'abbiamo disturbata facennula veniri finu a ccà.

Signora Rusica - Picchì? Cu si senti mali 'nta sta casa?

Nuccia - No, cà nuddu!

Signora Rusica - Comu nuddu? Allura, picchi mi chiamastu?

Petru - No, 'nni scusassi, dutturissa Rusica, me mugghieri vulia diri, chi nui ccà in famigghia, stamu tutti beni, e chi ni sintemu tantu onorati pa so prisenza, sulu chi ora a ccà *(mostrandolo)* aviti a soccurriri stu pouru omu, chi cadiu 'nterra malamenti e non avi cchiù a forza mi si suggi chi so pedi.

Signora Rusica - Ah ah! Ora ho capito…. Fatemi largo e fatemi vedere… *(i soccorritori curiosi si spostano)*. Grazie… *(Prende la sua borsa e misura la pressione, visita il malcapitato con devota cura ed alla fine esclama…)* Mah! ma chistu è sulu 'mbriacu e 'mbriacu forti, sapiti chi vi dicu: lassatulu ccà, sulu a dòmmiri, lassatulu na para d'uri, circati di non disturbarlu, accussì u fati smarizzari du vinu e appena si svigghia, datici nu beddu cafè amaru e,…scutati a mia,…mannatulu subbitu fora! *(chiude la borsa e fa per uscire esclamando)* picchì cu stu ciauru di piscistoccu, va a finiri chi non nesci cchiù i stà casa! *(Direttamente a Nuccia)* Ehhhh! *Piscistoccu 'a ghiotta* chi chiappareddi fini. È veru 'gnura Nuccia?

Nuccia - Si, si chi chiappiri i Lipiri, chi mi puttau me cucinu Filippu di Salina…Vuliti favoriri cu nui, dottoressa Rusica?

Signora Rusica - No, grazie, nun possu! C'è tanta genti chi mi spetta 'arreti a porta pi ricetti. Vui paisani u sapiti, chi oggi me maritu è fora paisi. U sapiti bbonu picchì stamatina non c'è u dutturi Rusica; oggi si suggiu viatu, giustu ca nisciuta du suli p'annari all'Assessoratu dell'Igiene Pubblica, pi risolveri 'dda questioni ddà Si propriu chidda chi vui sapiti. Si chidda ddà, da discarica abusiva. Chidda chi divintau di proprietà privata e vui, chi siti du paisi, sapiti di cu parru, e senza chi ijò vi dicu…autru.

Scena XIV
Personaggi: **Signora Rusica - Coletta**

Coletta - Menu mali chi 'ntà stu paisi c'è u dutturi Rusica, ddu santu cristianu di so maritu!

Signora Rusica - 'A rringraziu signurina, pa stima chi aviti pu dutturi Rusica. Mmmmm... Mi pari cchi vi canusciu…Comu si chiama lei? Ma 'nta stu mumentu non mi ricordu bonu cu siti e a unni ni vistimu. Comu vi chiamati?

Coletta - Sono Coletta; sugnu a figghia du custureri, chiddu chi l'anno scorsu ci cuciu tuttu u guardaroba 'nvernali 'o dutturi Rusica, vostru maritu.

Signora Rusica - Ah si! ora mi ricordu. Si, mi ricordu bbonu! Ma poi lei è guarita?

Coletta - Si, stesi tuttu u 'nvernu intra a casa a cuciri, fino a quannu, grazie a vostru maritu chi mi truvau u medicinali giustu… chi mi fici guariri.

Signora Rusica - Bene! Bene me ne compiaccio. Ora mi scusassi si nun mi femmu a parrari cu vui; viditi, aju prescia, picchì c'è genti chi mi spetta arreti a porta.

Scena XV

Personaggi: Signora Rusica - Aurora - Don Conu - Gnura Lazzaro

Signora Rusica - *(Uscendo)* Bongiorno a tutti e scusatimi ancora pa primura, picchì a chist'ura me maritu eppi a turnari i Palermu e c'è puri tanta genti chi voli sapiri comu annau a finiri 'dda faccenda ddà *(Segno di puzza sul naso)* chi 'mpistau tuttu u paisi. *(viene trattenuta dalla voce di Aurora)*

Aurora - *(Solerte interviene)* Signura si ricorda di mia? Sono Aurora, a figghia di don Paulu, u babberi.

Signora Rusica - Si, certu chi mi ricordo. Anzi, meno male chi ni stamu vidennu cà, picchì ci vulia diri, che domani ci fazzu aggiudicari la casetta per rimediare o sò mancato matrimoniu cu ddu bellimbustu di Razieddu. Va bene?!

Aurora - Si... si, va bene grazie e tanti grazi! A dopodomani, aspettu vostri nutizi... e spiramu bbeni! Aspettu e restu magari cu vossia, cu me obbligu. In ogni casu, duminica, quannu nesciu da Missa, passu da sò casa, pi ringraziarla personalmente, comu vossia merita.

Signora Rusica - Ah, bbene! Ma non si preoccupi…Comunque, domani speru di aviri quacchi notizia bbona pi vui, in ogni casu, duminica, si vi possu essiri di conforto, l'aspetto con piacere.

Aurora - Si, si grazie, grazie di novu, dottoressa Rusica.

Signora Rusica - A dopodomani, signorina Aurora!

Signora Rusica - *(Uscendo)* Ah! ma 'ccà c'è puru Lei, don Conu?! Non mi scuddai di vossia; in settimana ci fazzu rimannari l'udienza du giudici conciliatori pa vetrina da sò pasticceria.

Conu - Grazi, *grazi 'gnura pa vostra benivulenza.*

Signora Rusica - *(Ricambia e si rivolge)* Ah 'gnura Lazzaro! magari Lei è 'ccà.

Gnura Lazzaro - Si, si, lei dottoressa Rusica, sta bene?! Sono contenta di vederla!

Signora Rusica - Grazie, e ricambio. Ci vogghiu diri, mi sta tranquilla, picchì vaju jò personalmente unni u prituri, mi ci risolvu 'dda situazioni, chidda ddà da querela. *(e rivolta ai presenti)* Di novu bongiornu, a tutti.

Tutti - Signora Rusica, Mi 'nni saluta u dutturi, so maritu!

Signora Rusica - Grazie, e a tutti vi dicu chi si cuppa c'è, idda è magari du dutturi Tabella, chi si fici zitu cu dda orba e sciancata da figghia du farmacista Fisichella. Jò nun sacciu nenti. Sulu chi vui tutti sapiti, che sta puzza, prima non c'era 'ntà stu nostru paisi. E me maritu, pi chistu si sta muvennu, e smuvennu assai cu tutti i politici da Regioni Siciliana, e magari chi nostri vicini di l'Africa, chi sunnu cunfinanti cu nui cu Mari Nostru, pi risolviri puru cu iddi tutta 'sta faccenda da puzza. *(Rivolgendosi a tutti)* - Pi cunchiùdiri, ora mi nni vaiu. Chiù tardu, appena torna u dutturi ji Palermu, u fazzu venire ccà, pi vidiri comu stà stu pouru 'mbriacu e si vuliti, ci dumannati a iddu, di prisenza i nutizii chi puttau di fora, comi tutti vui sapiti dall'Assessoratu Regionali di l'Igieni Pubblica. E ora mi nni vaju pi 'daveru e di cursa, vi salutu a tutti. Nni rividemu a chiù prestu! *(Esce di scena con il codazzo).*

Scena XVI

Personaggi: **Don Micu e Filumena - Nuccia - don Petru**

Mentre Micu e Filumena si attardano sulla stessa scena e si riprende la discussione fra...

Nuccia - Ed ora, chi tutti s'i n'annaru, cumpari Micu e Filumena, mi vogghiu rifriscari u ciriveddu *(rivolta a Micu)* e nun vogghiu parrari chiù di sti cianci.

Filomena - E magari jò a pensu comu a vui. *(Rivolta a Micu, il marito)* Micu, javi nu misi chi t'assicutu, picchì vogghiu annari 'ntò viali, *(lo guarda ammiccante)* I mei amici mi dissiru chi i nigozi sunnu chini di beddi vistiti, cu scontu du 80x100, e jò ora vogghhiu nesciri e pigghiari na buccata d'aria frisca, e poi picchì aju propriu bisognu di 'ccattari un'abitu novu senza chiù buciari cu nuddu. *(Sta per uscire)* Jò mi stancai di buciari cu vui, cummari Nuccia e cumpari Petru.

Don Micu - Stativi bonu cumpari Petru! *(Sta per uscire... rivolto a Filomena e a voce alta)* Accussì nuiautri, appena niscemu fora, avemu chiù soddisfazioni..., picchì poi si stu paisi è 'mpistatu u sintistu tutti chi vostri oricchi ca culpa è du dutturi Tabella e du fammacista Fisichella. Sunnu iddi chi 'nni stanno facennu cadiri malati. Picchì? Pi vinniri i so medicamenti "**Medicu piatusu fa la piaga verminusa**". Bisogna nesciri e respirari aria pulita, senza pesticiti e circari sempri ciauru di cosi 'bboni.

Filomena - Cumpari, jò cu me maritu, vulemu stari ca nostra paci, senza sapiri cu javi a pulizziari u paisi, nè cu faci puzza; nui ni vulemu fari i fatti nostri, picchì vulemu stari suli, pinzari a sira a dommiri, oppuri di parrari libberamenti 'nto nostru *lettu*, senza paura di chiddu chi vui annati dicennu in giru. Si, si di quant'avi chi 'ntrasia ccà cu me maritu, vui non facistu autru chi parrari da puzza chi aviti supra u vostru tettu cu l'ali, ali.. ali.

Nuccia - Di chiddu chi nui dissimu?! Ma chi stati dicennu vui, donna Filomena.

Filomena - Cummari Nuccia, dicu chiddu chi vui dui, dicistu? E chi jò sintia chi me oricchi - Picchì non fustu vui chi parrastu pi prima e chi niscistu fora sti paroli 'o laggu? Nun dicistu cu vostru maritu, cu flatu fitusu, fuma e vola supra *u vostru tettu cull'ali*?

Petru - Jòòhh! tu dicu sempri Nuccia, chi tu non a parrari cu nuddu.

Nuccia - Ma chi ci 'ncucchia stu discursu toi, Petru? I cumpari non sinteru 'bbonu i nostri discussi e strasinteru i paroli e magari cunfunneru u *lettu nunziali* cu *tettu cull'ali*!

Petru - *Lettu nunziali!!*. Oh cumpari, veru è *Lettu nunziali.* Cu vostra mugghieri non sintistu bbonu u nostru discussu; e pi chistu capistu mali. Jiò, cu me mugghieri Nuccia, staumu parrannu du nostru lettu nunziali e non du tettu cull'ali.

Don Micu - Eeeeh! si, aviti ragiuni cumpari Petru! Comu a tutti fimmini, chi non annu nenti i cuffari, parrunu, parrunu , e parrunu senza mi si fannu capiri e 'nni mettunu 'nto mezzu , picchì nui semu poviri omini, chi pinzamu sulu a travagghiari e 'nni facemu i fatti nostri.

Petru - Pi cunchiudiri cumpari Micu, i paroli nisceru 'strasintuti, picchì me mugghieri, comu a vostra Filumena, hannu pa testa mi si nni vannu 'ntò viali e mi s'accattunu i robbi novi, *alla moda, (indignato)* e badunu sulu si sunnu scullati e cu pettu i fora..., e poi, comu vui dicistu, basta chi parrunu, parrunu... e parrunu senza pinzari.

Filumena - *(interviene risentita)* Sintitimi, don Petru, u viali di Missina non èsti nu salottu pi perdiri tempu e nui semu mugghieri chi canuscemu sulu a nostra famigghia, picchì si vulemu *putruniari* ni n'annamu 'nto nostru *lettu*, e dommiri ca nostra santa paci!

Nuccia - E chistu era nu discussu chi non capistu vui, cumpari Micu! È du primu mumentu. Ora vu ridicu, non ci 'ntrasiva nenti u parrari di me matri, e mancu du dutturi Tabella, e i so medicini, comu si fussi 'ntà stu paisi **"lu medicu nuvellu, chi ruina parintatu"**. Accussì vui dui omini u facistu pariri peggiu di chiddu chi è?

Scena XVII
Personaggi: **Dott. Paolo Rusica - Don Micu e Filumena
Nuccia - don Petru**

Suonano alla porta,... il dottore:

dott. Paolo Rusica. - Buon giorno, dov'è l'ammalato?! Ah! ma chistu si, chistu è ciauru di cosi bboni, ntà sta casa!? Ah! È ciauru bbonu di *piscistoccu 'a ghiotta*. Ci cridu 'gnura Nuccia, ch'è fattu chi chiappiri, cu l'accia, ch'alivi e magari chi pumadureddi di Pachinu?

Nuccia - Si, dutturi, u 'nduvinastu!

dott. Paolo Rusica - A me mugghieri ci piaciunu tantu, picchì mu dici sempri, chi sunnu i megghiu du munnu. È veru 'gnura Nuccia?

Nuccia - Si, dutturi! Si vuliti favoriri cu tantu piaciri e tanto onore pa' nostra tavola.

dott. Paolo Rusica - Ma no, nun vurria arrecarvi disturbu.

Nuccia - No, no, chi hannati dicennu, anzi ciù putiti diri, magari a vostra mugghieri.

dott. Paolo Rusica - No, non vi vurria disturbari picchì, così all'improvviso nun sarà sufficenti per tutti?!

Petru - Nooo, pi chistu non v'aviti a preoccupari, dutturi Rusica, me mugghieri pinzau chi oggi ci putia esseri sò matri, pi chistu ni fici otto chili i cchiù di piscistoccu. Sapiti me soggira è na 'bbona fucchetta. Poi pi jdda basta chi pagu jò, chi tutti i cosi ci piaciunu e si mancia cu chiù gustu.

Nuccia - Non esaggirari sempri contru a me matruzza. Dutturi, idda ora si misi a dieta, e dimagriu già 2 kili

Petru - Sì però 'nta nu misi

dott. Paolo Rusica - Si però…piano - piano, in un anno ce la farà.

Nuccia - E jo ci'u dicu sempri a me maritu, chi me matruzza cu stu dietolugu si misi supra a strada giusta.

dott. Paolo Rusica - Don Petru, piano - piano, in un anno vedrà che sua suocera ce la farà!

Petru - No! dutturi Rusica. Non vi vogghiu mancari di rispettu… picchì me soggira pisa 170 kili.

dott. Paolo Rusica - Comu?! Ma, don Petru la soluzione c'è, bisogna adottare solo una cura di rinforzo. Tutto è il rinforzo. Avere disponibilità in denaro e voglia di affidarsi a medici validi; anzi validissimi, e di sani principi deontologici, che sono il pane quotidiano di un medico con la emme Maiuscola. Ma vostra soggira comu campa cu stu pisu? Poviredda!

Petru - Dutturi, pi chistu nun vi aviti a prioccupare. Autru chi poviredda! Me soggira è benestante; disponi di una ricca pensione, di 'na para di casi affittati, di quacchi villa, na para di botteguzzi, e di autri cosucce.

dott. Paolo Rusica - Ah! bene. Allura javi ragiuni vostra mugghieri, chi so matri javi a dimagriri. E così, si può accelerare la fase di dimagrimento di rinforzo. Mi spiego? Io in un paio di telefonate che farò ad alcuni miei colleghi Medici, vi posso risolvere subbitu il problema. Subbitu, se volete! Per la mia parte di competenza è tutto gratis, perchè voi siete brava gente e meritate più di questo da me, mentre gli altri miei colleghi medici si pagano.

Nuccia - Si, si dutturi Rusica. Grazi, grazi!

dott. Paolo Rusica - Bene, in un minuto vi faccio una diagnosi di "elevata *(solleva le braccia in alto)* scienza medica". *(Tocca le sue tasche).* Ascoltatemi. L'elevata scienza medica... è esatta, come la matematica. Per questo io vi assicuro, che vostra suocera e che vostra matruzza *(rivolto a Nuccia)* in un anno ritornerà snella, comu 'na signurina". Se voi due, non avete detto bugie, ed è come avete detto testè, che la vostra matruzza diminuisce di peso con il dietologo di 2 kili al mese... è sulla strada giusta e noi dobbiamo proseguire su quella strada.

Petru e Nuccia - No dutturi Rusica, nui non dicemu 'nbrugnunarie. Si, si. È veru, è veru diminuisci 2 kili o misi. Diminuisci 2 kili o misi.

dott. Paolo Rusica - Allora, io dott. Paolo Rusica, giusto per farvi un favore, l'affido subito a 5 Medici, amici miei e per questo di massima fiducia, in modo che 2 kili a testa di lardume lipidico per ogni medico, la nostra matruzza diminuirà di 10 kili in un mese; così 'gnura Nuccia, cu 120 kili in meno in un anno, vi possu assicurari chi ritorna in tutti i sensi, magra come n'acciuga.

Petru e Nuccia - Si, si dutturi Rusica. È giustu!?

dott. Paolo Rusica - Ma, chi vi dicu? Ritorna comu 'na signurina, e poi si vuliti, pi falla stari megghiu, beatamenti e "psicologicamente", ci putemu ricostruire magari i denti d'oru, come 'na...Venere. Io, dott. Rusica *(pontificando)* vi garantisco, caro don Petru, che ve la farò diventare leggera comu 'na piuma.

Petru - Si, si dutturi Rusica, cominciati subbitu cu sta vostra cura, cosi "livata" e di rinforzu.

Nuccia - Si, si dutturi Rusica. Nui semu brava genti e ni vulemu affidari a vui pi sta cura... miraculusa.

dott. Paolo Rusica - Già domani convoco nel mio studio i grandi luminari di questa Scienza Medica. Questi sono Medici, miei amici di grande esperienza. Allora vi segno nella mia agenda. Domani venite con vostra matruzza nel mio studio. Uhmmm! Vi fa comodo alle ore 12.00?

Nuccia - Si va bbeni! Cuminciamu subbutu, dutturi Rusica, Già dumani accumpagnu a me matruzza, unni vui… Vui chi siti nu Santu Omu!

Scena XVIII
Personaggi: Dott. Rusica - Nuccia - don Petru - l'Ammalato.

Aaahi! Aaaaaaaahi! (Si sente il lamento delll'ammalato che interrompe la conversazione.)

dott. Paolo Rusica - Nu pouru disgraziatu si lamenta, videmu chi javi *(Va e intanto visita l'ammalato che svegliatosi risponde)* come ti senti?

l'ammalato - Sentu, sentu… Sentu magari u ciauru di piscistoccu! *(A bassa voce)*.

Scena XIX
Personaggi: Dott. Rusica - signora Rusica - Dott. Tabella.

Nuccia - Ah vedo arrivare la vostra signora consorte…. *(Intanto entra anche la moglie.)*

dott. Rusica - Bene, se vi fa piacere accetto l'invito!?… Allura ristamu a manciari cu vui, con piacere. Confermi tu, mia cara moglie!?

Signora Rusica - *Interviene.* Con piacere! Picchì oggi è na bedda junnata di suli *(Si rivolge verso un codazzo di clienti che man mano cresce)* e picchì u dutturi Rusica puttau i Palermu tanti beddi notizi. Accà, pa fiducia e pi rispettu du dutturi Rusica a Regioni Siciliana stanziau 50 miliardi di Euru, pi fari a raccolta differenziata, ca discarica di rifiuti pi nostri paisani, fora du nostru paisi…luntanu di chiddi chi increduli ni diciunu **"mentri l'ebba crisci mori u cavaddu"**. I nostri *"capoccia da Regioni Siciliana"* vosiru 'ssicurari a mè maritu, chi pi sti novi elezioni stannu priparannu un **pianu sperimentali**.

Unicu 'nta tuttu u munnu! Picchi di ccà. a 'nautru annu massimu, i Russi e i Miricani e chi Cinisi, tutti assemi cu "Sputnik", appena sbaccunu supra a Luna, scoprunu amaramenti chi nui siciliani arrivammu direttamente e pi primi, chi nostri grattaceli di munnizza. *(Applausi)* …

Signora Rusica - E nui Siciliani pi sti lampi di genialità, semu i primi 'nto munnu! Anzi sapiti chi vi dicu! Pi chistu avemu a festeggiari! Purtatimi tutto 'u manciari 'ccà. Manciamuni accussì tuttu chiddu chi c'è supra a taula, tuttu fra di nui, ca bona saluti e senza medicinali. Dutturi Tabella, s'avvicinassi a questo nostro convito, ora chi divintastu comu unu di nuiautri paisani.

Dottor Tabella - Si cettu. Ora chi non sugnu chiù zitu ca figghia du farmacista, non sugnu chiù u patruni di menzu paisi. Sapiti tutti chi **"lu bonu medicu, nun pigghia mai medicina"**. Ora chi piddia tutti i ricchizzi, vogghiu manciari cu vui *u piscistoccu 'a ghiotta*.

Dott. Paolo Rusica - Bravu! Picchì ora 'nta stu paisi si rispira aria pulita e si manciunu cosi bboni!

Scena XX
**Personaggi: Dott. Rusica - Signora Rusica - Dott. Tabella
Nuccia - Micu - Filomena.**

Petru - Nuccia, metti a tavula u *piscistoccu 'a ghiotta*, chi chiappireddi fini di Salina, di gustu sicilianu.

Tutti a turno

Uno - 'Gnura, accettati sti 100 ova frischi?

Un'altra - Stamatina 'mmazzai u maiali, pari chi mu dicia u cori c'avia a veniri 'ccà, vi puttai 10 kili di costati ji porcu e a virdura frisca chi cugghìa oggi?

Nuccia - *(Esce con una pentola e un fagotto)* Tuttu è prontu, dottoressa arrustemu puru i costati i maiali? Chiamati a Filumena e a cumpari Micu chi c'è di travagghiari, si vonnu manciari.

Tutti - Brava, Brava!

Filumena - Finalmenti magari pi nui oggi, cu tuttu stu manciari è comu "**aviri u medicu 'nta sacchetta**"

Micu - Menu mali! Mi paria chi nui sintiumu sulu u ciauru du beddu *piscistoccu 'a ghiotta.*

Scena XXI
Personaggi: Tutti - Dott. Rusica -Filomena.

Si siedono tutti a tavola e viene distribuito il pesce stocco, e a Filomena ne viene dato solo una razione molto ridotta.

Il Dott. Paolo Rusica - *(interviene rivolgendosi a Filomena)* Donna Filomena, pu vostru colesterolu, magari pi vui c'esti sulu n'assaggiu… e basta!

Filomena - Va 'bbene, m'accuntentu, duttureddu e u Signuri v'avi benediri. *(guardando la sua misera razione)* magari di sta' muddicata di piscistoccu.

Appena finisce di parlare si sente tremare tutta la stanza.

Un gridare generale U terremotu U terremotu! Tutti scappano atterriti Filomena rimane seduta, afferra il piatto grande e lo mette davanti a se stessa ed esclama....

Scena XXII
Personaggi: Filomena.

Filomena - Menu mali chi mi vinni u' terremotu. Picchì pi mia era troppu picca. U Signuri u sapi chiddu chi avi a fari. E uora jo' mu manciu tuttu, *afferra il piatto grande -* e magari cu doppiu piaciri, dopu na iurnata chi stava 'ccà, mancu a razioni di rispettu di bbona vicina j casa mi vuliunu dari, m'aviunu datu sulu "**U ciauru du piscistoccu a ghiotta**". Ma a Matri a Littra a nui missinisi mi nni sabba di **Malanova, sciroccu e terremotu** e magari mi 'nni pruvvidi sempri cu *piscistoccu 'a ghiotta.*

Teresa Rizzo vive e lavora a Messina. La sua poliedrica attività artistico–culturale di poetessa, critico d'arte, pittrice, in arte Artese, è presente su riviste, rassegne d'arte e stampa specializzata. Laureata in Materie Letterarie e in Psico-Pedagogia, è plurispecializzata per l'insegnamento ai diversamente abili. Presidente-Rettore dell'Accademia Internazionale "Amici della Sapienza" Onlus di Messina promuove incontri d'arte, premi letterari e scambi culturali anche a livello internazionale. Ha pubblicato con il dott. E. Tribulato, neuropsichiatra, due sussidi didattici di metodologia differenziata, in uso anche nelle scuole italiane all'Estero: **Associazioni Verbali I° e II° voll. 1985/86.**

Inoltre, sillogi di sue poesie sono state inserite nei seguenti volumi: **"Poeti Italiani 1987"** e **"Poeti italiani del nostro tempo"** 1989 Ediz. Peloro; nell'**Agenda dei poeti contemporanei 1996** e in **"Poeti siciliani del terzo millennio 2005"** Ediz. Bastogi; nell'**Agenda dei poeti contemporanei 1997 della** Ediz. Pellegrini. Nel 1995 ha pubblicato un suo primo volume di poesia **"Il ficodindia;** nel 2008 **"Svegliati Zancle";** e ancora il suo terzo volume **"E guardando le stelle"** nel 2015. Di recente ha scritto alcune opere teatrali, fra cui le due Commedie brillanti: **"U ciauru du piscistoccu 'a ghiotta"** e **"La fuitina …con le corna!".** Critico artistico-letterario, dal 1993 cura personalmente la pubblicazione di libri di poesia, fra cui: **"Infinito Attimo"** di A. Di Martino, **"Il respiro eterno di Dio"** di C. Rundo Mazzone, **"Un raggio"** di A. Di Martino, **"Profumi di Pino"** di M. Pino. **Numerosi sono i suoi saggi critici su autori italiani del Novecento e contemporanei, e su rassegne d'arte.** Ha recensito e pubblicato libri con progetti di promozione educativa e solidarietà sociale nelle scuole, fra cui: **"Dipingiamo il mondo con la poesia"** 2004, **"Partecipare alla solidarietà"** 2008. **Oltre 500 sono le sue recensioni a pittori e poeti di fama internazionale pubblicate su riviste specializzate e cataloghi d'arte.**

Pittrice apprezzata, firma le proprie tele col nome d'arte "Artese". Le numerose mostre personali e collettive d'arte alle quali ha partecipato sia in Italia che all'Estero, le hanno consentito di ricevere importanti premi ed onorificenze con attestazioni di merito alla carriera, fra cui: **Premio Biennale di Venezia 1995; premio Quadriennale di Roma 1996, fino alla più recente Biennale di Palermo 2015. È inserita nei più importanti cataloghi d'arte nazionali e internazionali.** Numerosi suoi dipinti si trovano in permanenza in luoghi istituzionali, religiosi e in collezioni pubbliche e private, sia in Italia che all'Estero. **Nell'Udienza del 1° marzo 2000 è stata ricevuta da Sua Santità Giovanni Paolo II, al quale ha fatto dono di un suo dipinto.**

9 788889 414920 3